mi opinión

Acerca del Autor

José Adolfo Herrera, es un Ingeniero Civil con amplia experiencia en la construcción de Proyectos de Ingeniería.

Tiene una especialidad en Administración de la Construcción. Posee igualmente una Maestría en Administración de Negocios (MBA) y un Doctorado en Negocios (Phd) en proceso

Ha sido catedrático en la Universidad Católica Nordestana (UCNE) y en la Universidad Católica Tecnológica del Cibao (UCATECI) en la asignatura: Administración de la Construcción en sus programas de maestría.

Fue Decano de La Facultad de Ingeniería de La Universidad Católica Nordestana (UCNE) y Es miembro distinguido del Consejo Regional de Desaroollo (CRD) como coordinador Provincias

Ha escrito varios libros en la industria de La construcción entre los que destacamos "Administración de la Empresa Constructora" y "Evaluación de Proyectos de Construcción", Ingeniería Económia: Notas de Clases. Es Igualmente, articulista fijo en varios periódicos y revistas dominicanos y de Latinoamérica

MI OPINION

José Adolfo Herrera, MBA

Primera Edición

Febrero de 2014

MI OPINION

José Adolfo Herrera A.
Primera Impresión: Lulu.com
USA
Febrero de 2014

ISBN: 978-1-312-01267-7

CONTENIDO

AGRADECIMIENTOS

A Dios, Todopoderoso que me permite cada día ser una mejor persona.

Al Consejo Regional de Desarrollo, que me inspira a seguir trabajando a favor de mi país de forma desinteresada.

PROLOGO

Este primer tomo de "Mis Opiniones" es una recopilación de los artículos institucionales publicados a través del Consejo Regional de Desarrollo durante el periodo correspondiente a enero del 2013 hasta febrero del 2014.

El mismo contiene temas de interés nacional que han sido llevados al seno del CRD para su discusión y que no necesariamente representan el punto de vista oficial del Consejo, sino que los conceptos emitidos en el mismo son responsabilidad exclusiva del autor.

Esperamos que su lectura sea de provecho en los diferentes tópicos tratados, teniendo en cuenta que los mismos fueron el resultado de estudios y discusiones tomando en cuenta siempre los intereses de la nación dominicana que es el fin que perseguimos.

José Adolfo Herrera

La Alfabetización de los Dominicanos

Con gran alegría hemos recibido la noticia de que el Plan Nacional de Alfabetización "Quisqueya Aprende Contigo" ha dado inicio para sacar del oscurantismo a más de 800 mil dominicanos que aún no saben leer y escribir.

Hemos sido por muchos años, abanderados de Alfabetizar a jóvenes y adultos que no tuvieron quizás la oportunidad en su momento.

Como trabajador comunitario dentro del rotarismo, hemos trabajado arduamente en esta gran tarea.

Tradicionalmente el Club Rotario al que pertenezco, Santo Domingo Bella Vista, realiza cada año 10 "Escuelas de Patio", así le llamamos, en donde se alfabetizan 20 personas en tan sólo cuatro meses en cada una de ellas.

Existe en La República Dominicana una diversidad de métodos para enseñar a leer y escribir. Los rotarios hemos utilizado un método que desarrolló el Dr. Freddy Santana, llamado FRESPON, que ha sido muy efectivo en el correr de los años y que ha sido aprobado para que lo podamos utilizar en esta gran tarea que se recién se inicia en nuestro país.

Será un gran logro para nosotros como país, si todos los dominicanos, juntos, sin importar banderías políticas, raza o religión, nos unimos para alcanzar esta gran meta de no tener analfabetas para finales del año 2016.

El Plan Nacional de Alfabetización, parece a todas luces, un plan serio que debe ser apoyado por todos los dominicanos, educadores, profesionales, catedráticos, estudiantes de término del bachillerato, todos debemos estar compelidos a cerrar filas en esta gran tarea que es simplemente, responsabilidad de todos.

Aunque el Señor Pedro L. Castellanos, director del Programa dice que el número de facilitadores podría alcanzar la suma de 7,000 personas, pienso que esta cantidad aumentará considerablemente cada año, cuando los diferentes sectores de la sociedad se vayan sumando a este gran ejército que erradicará el analfabetismo de nuestra querida República Dominicana.

Una de las partes más importantes del proyecto lo constituye, que no solamente será enseñar a leer y escribir, sino que también se fomentará el emprendedurismo.

Igualmente, el método que se empleará, fomentará el conocimiento de los derechos y deberes de los estudiantes como ciudadanos, promoviendo los valores familiares y cívicos, lo que traerá como consecuencia directa que tendremos dentro de cuatro años un país con cerca de un millón de mejores ciudadanos.

Llegó la hora de que todos y cada uno de nosotros pongamos un granito de arena y juntos logremos decir que en nuestro país no existen analfabetas.

Escuelas y Sorteos

Cuando vimos en la prensa el anuncio del Gobierno de sortear obras de Construcción para las escuelas, como profesional activo de la ingeniería y la construcción que soy, nos vimos interesados con esta actividad.

A los pocos días salió la convocatoria oficial en la prensa nacional y las condiciones de participación estaban claramente establecidas tanto el portal del Ministerio de Educación como en el portal de Contrataciones Públicas.

Lo único que me llamó la atención fue la fecha de entrega de la documentación que me pareció sumamente corta y esto trajo a colación que sin pensar mucho expresara para mi mismo: "no hay tiempo suficiente para conseguir y cumplir con la documentación requerida, aquí debe de haber un gancho para que participen sólo algunos"

Mi sorpresa fue grande cuando decidimos participar y empezar a buscar la documentación requerida en La DGII, en Contrataciones públicas y el MINERD. Todas estas instituciones brindaron sus servicios de forma rápida y expedita y con suficiente tiempo pudimos inscribirnos en los sorteos.

En nuestro caso, participamos como empresa en las obras que se construirían en San Francisco de Macorís.

Finalmente, llegó el día esperado y unos 300 profesionales de la ingeniería se dieron cita a este gran ensayo de democratizar el otorgamiento de obras en La República Dominicana.

Reconozco que jamás me habría imaginado tal nivel de transparencia.

El proceso fue sencillo, se llamaba a los ingenieros o las empresas quienes presentaban su identificación y acto seguido se nos entregaban el cintillo con el nombre y el número de inscripción de cada uno y personalmente colocábamos el mismo en una urna transparente a la vista de todos los participantes.

Finalmente, una niña estudiante fue sacando los agraciados del sorteo para cada uno de los lotes a ser construidos.

Fue un extraordinario ejercicio de la democracia y una oportunidad única para que jóvenes profesionales de la ingeniería pudieran acceder a un contrato de una forma diáfana y transparente.

Felicitamos en consecuencia a las autoridades por este gran paso a favor de la clase ingenieril.

Ahora bien, lo que sigue a continuación es el seguimiento que las autoridades deben dar a la construcción de dichas obras.

Es urgente que se realice para cada una de las escuelas a ser construidas un estudio de suelos para evitar contratiempos en el futuro y por ende los presupuestos para las mismas puedan ser realizados de forma más confiable.

Otro de los aspectos a tomar en consideración durante la construcción debe ser una verdadera supervisión que se ajuste a los requerimientos técnicos y de costos.

Para ello sugerimos la contratación de empresas con experiencia en la construcción y supervisión de edificaciones para asegurar un proceso constructivo que se ajuste a los planos, especificaciones y costos establecidos.

Hemos dado un gran paso en la democratización del otorgamiento de obras y Dios quiera que todo salga bien y podamos seguir haciendo lo mismo, con la mayor parte de las obras que construya El Estado Dominicano, brindando oportunidad a muchos ingenieros y que las obras no se queden en las manos de unos cuantos solamente.

Algunas Ideas Descabelladas

En estos días hemos tenido grandes controversias en relación a tres hechos importantes de la vida nacional.

1) La Bahía de Las Águilas
2) El caso de Barrick Gold y
3) La Carretera Cibao-Sur

Bahía de Las Águilas

Afortunadamente, el Presidente de la República, escuchando a todo un pueblo, echó hacia atrás el desaforado plan para despojar alegremente al Estado Dominicano de lo que le pertenecía. Ahora bien, luego de que La Justicia emita su fallo, qué haremos con ese paradisiaco lugar?

La Primera Idea Descabellada:

Proponemos realizar un Plan Maestro, en la que primeramente se preserve todo el ecosistema de Bahía de las Águilas, planteando un desarrollo Turístico en sus alrededores de bajo impacto medioambiental, con estructuras de baja densidad y de no más de 70 habitaciones hoteleras, manteniendo la Playa libre, protegiendo siempre su flora y su fauna.

La Barrick Gold

Reconozco que me equivoqué. Nunca pensé que El Gobierno dominicano se atrevería a enfrentar de forma tan decidida y responsable a esta multinacional que pretende llevarse nuestras riquezas olímpicamente, al haber podido cambiar no se sabe con cuáles herramientas un contrato firmado en el año 2002 que era mucho más justo para la Nación Dominicana.

Esperemos ver que mejoren las condiciones para el país con el susodicho contrato y que se puedan en el futuro establecer las responsabilidades de lugar para que en el 2009 se aprobara el mamotreto que hoy tenemos.

Ahora bien, luego de que negociemos el contrato de marras, se estima que el país podría recibir entre 25 mil y 30 mil millones de dólares en 25 años. Sí esto es cierto, entonces:

La Segunda Idea Descabellada:

Por qué, dentro de nuestro plan de nación, no incluimos estos beneficios que recibiremos para pagar nuestra deuda externa y librarnos de esa carga tan pesada que tenemos cada año en nuestra Ley de Presupuesto y Gastos Públicos?

Se podría incluso empezar traspasando parte de esa deuda, la que más nos convenga directamente a la Barrick Gold

La Carretera Cibao-Sur

Se ha escrito demasiado sobre la carretera Cibao-Sur o mejor dicho Santiago-San Juan de la Maguana.

Se ha establecido de su necesidad imperiosa, incluso el Presidente de la República Dominicana, Danilo Medina, ha dicho que es una decisión tomada. Se ha hablado del desarrollo del Sur, de la conveniencia de abaratar el transporte de mercancías entre ambas zonas, lo que no es discutible.

Lo que sí es discutible es que dependiendo del tipo de vía o trazado se ponga en peligro el ecosistema de tres Parques Nacionales.

Partiendo de todo lo anterior, entonces,

La Tercera Idea Descabellada

Por qué, en vez de construir una carretera, no construimos mejor un Ferrocarril, hecho éste que limitaría el peligro de agredir enormemente el medio ambiente con asentamientos humanos en toda la vía?

En el Consejo Regional de Desarrollo siempre hemos apostado que el uso de este tipo de de medio de transporte aportaría al desarrollo integral de toda la nación, uniendo y abaratando los costes de transporte en toda la geografía nacional

Fideicomiso: Pilar de la Ley 189-11

La Ley 189-11 para el desarrollo del Mercado Hipotecario y la vivienda, luce muy interesante para toda la clase constructora, ingenieros, arquitectos, agrimensores, promotores e inversionistas y desde luego para todos los actores que intervienen en esta industria, banca, agentes de valores, asociaciones de ahorros y préstamos.

Uno de los pilares sobre los que descansa la Ley 189-11, es la creación de la plataforma legal de los Negocios Fiduciarios o Fideicomisos. De qué se trata esto?

Qué es un **Fideicomiso**? Es el acto legal mediante el cual un **Fideicomitente** transfiere bienes en sentido general a un **Fiduciario** para constituir un patrimonio Fideicomitido que será administrado por el Fiduciario a favor de un **Beneficiario** que se le llama también **Fideicomisario**.

Es una nueva figura en nuestro país que se pone a tono con muchos países en toda América Latina que la utilizan desde hace ya mucho tiempo y esto nos pone acorde con los nuevos tiempos. Todo el sistema de fideicomisos descansa sobre una palabra: La Confianza.

Varias cosas debemos destacar de esta nueva figura jurídica: Primero, la posibilidad de accesar a los Fondos de Pensiones, brindando la mayor seguridad al uso de estos fondos; Segundo, el uso del Fideicomiso permitirá de forma efectiva paliar el déficit habitacional del país con la construcción a gran escala de viviendas de relativamente bajo costo.

El contrato del Fideicomiso se realiza de acuerdo a las necesidades de los actores. Por ello existen una buena cantidad de modalidades del mismo:

- Planificación Sucesoral

- Sin Fines de Lucro (Culturales, filantrópicos, educativos, etc.)

- De Inversión

- Desarrollo Inmobiliario

- Oferta Pública de Valores y Productos

- Entre otros

Como expresamos anteriormente los Proyectos de viviendas a bajo costo (PVBC), dispondrán de una serie de exenciones fiscales que beneficiarán exclusivamente a los Fideicomisos de Inversión y Desarrollo Inmobiliario. Estas soluciones habitacionales deben tener un costo menor de los Dos Millones cuatrocientos mil pesos (RD$2,400,000), el que se ajustará anualmente por inflación.

Existirá una acreditación previa de parte del Instituto Nacional de La Vivienda (INVI) y se pondrá en ejecución algo que todos los involucrados en la Industria de la Construcción hemos pedido por años: La Ventanilla Única a través del Ministerio de Obras Públicas y Comunicaciones (MOPC) que dará una respuesta en un plazo no mayor de 90 días, con los permisos y licencias para la construcción.

Quiénes estarán autorizados a fungir como Fiduciarios?

- **Sociedades Fiduciarias**: Pueden participar en todas las operaciones autorizadas, excepto en los Fideicomisos de Inversión. Estas operaciones estaría supervisadas por la DGII

- **Entidades de Intermediación Financiera**: Igual que la anterior y estaría supervisada por la Superintendencia de Bancos

- **Los Intermediarios de Valores**: Participan única y exclusivamente en los Fideicomisos de Inversión y son reguladas por la Superintendencia de Valores.

- **Administradoras de Fondos de Inversión**: Igual que la anterior

Como podemos ver, esta nueva herramienta nos brindará competitividad para el desarrollo inmobiliario y traerá mucha inversión extranjera, debido a la confianza que genera por la gran transparencia del sistema, probado ya en muchos países.

Existe un monitoreo continuo de los negocios. Los Fideicomisos se constituirán en una gran oportunidad de negocios, especialmente los inmobiliarios y sobre todo la construcción de viviendas de bajo costo que paliará en forma efectiva el déficit habitacional.

Energía Fotovoltaica

La energía fotovoltaica consiste en la instalación de paneles solares que conjuntamente con baterías de ciclo profundo y un inversor pueden dotar de energía eléctrica a una vivienda u oficina ya sea parcial o totalmente.

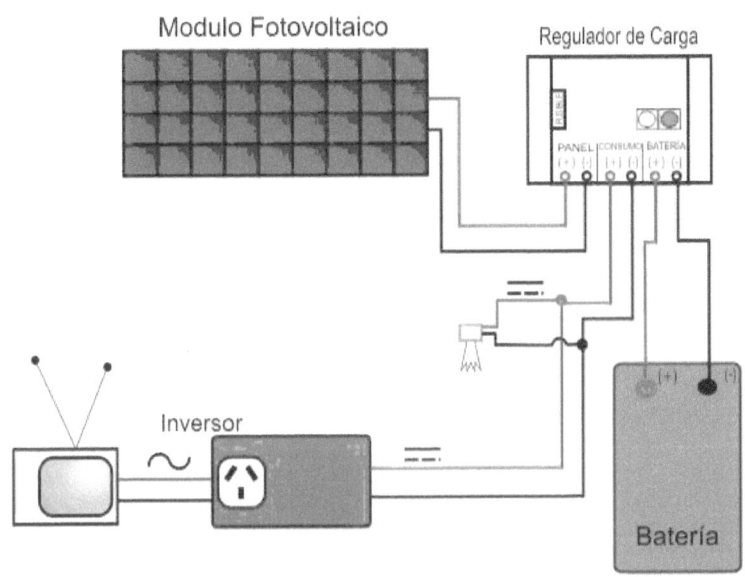

Esquema de instalación Fotovoltaica tipo

Los sistemas fotovoltaicos posibilitan la transformación de la energía que contiene la radiación solar en energía eléctrica. Las localizaciones geográficas caracterizadas por recibir un alto nivel de radiación solar son las más propicias para su utilización, como ocurre en nuestro país

Frente a las energías convencionales, la energía solar fotovoltaica presenta la característica de ser una fuente ilimitada de energía, por tratarse de energía renovable. Las fuentes de energía tienen impactos medioambientales inevitables. Cada vez son más claros estos efectos en el planeta, lluvia ácida, efecto invernadero, residuos radioactivos, accidentes nucleares, etc.

Todo lo anterior hace que la energía fotovoltaica sea cada día más deseada, no en vano en varios países desarrollados como Estados Unidos, Alemania, España, Japón, entre otros, han destinado grandes recursos en investigación y desarrollo de la energía solar fotovoltaica.

Las investigaciones iniciales en este campo se enfocaron al desarrollo de productos para aplicaciones espaciales. Las celdas fueron comercializadas por primera vez en 1955. Pero sólo a comienzos de los ochenta, comenzaron a establecerse compañías fotovoltaicas.

Las celdas fotovoltaicas se fabrican con Silicio. Este elemento es el que permite que se dé el proceso de generación de electricidad. El fenómeno fotovoltaico y su consecuencia es la corriente eléctrica directa. Esta corriente puede ser almacenada en "baterías" para, si se desea, pueda ser utilizada fuera de las horas de luz.

Una característica importante es que las células o celdas admiten tanto la radiación directa como la difusa, lo que quiere decir que se puede conseguir energía eléctrica incluso en los días nublados. Además las celdas fotovoltaicas no tienen partes móviles, no es necesario su mantenimiento y tienen una vida útil de entre 20 y 30 años.

Los componentes de un sistema fotovoltaico dependen del tipo de aplicación que se considere y de las características de la instalación. Para el caso de un sistema autónomo, los componentes necesarios para que funcione correctamente son: Paneles fotovoltaicos, baterías, regulador de carga e inversor.

En cambio, las instalaciones conectadas a la red de distribución eléctrica se caracterizan por no incorporar baterías, ya que la energía que se envía a la red no necesita acumularse. Esto puede hacerse ya que en nuestro país existen medidores de dos vías, que permite que la energía producida que no estemos utilizando pase a la red.

Los bombillos que se utilizan deben ser de elevado rendimiento y de bajo consumo; tales como bombillos de bajo consumo (12 a 15 watt) o incluso bombillos LED (2 a 9 watt)

En conclusión, las principales características de los sistemas fotovoltaicos son:
- Simplicidad
- Livianos y pequeños. Sus dimensiones son muy reducidas y se pueden instalar fácilmente sobre el techo de las viviendas, entre otros lugares.
- Eficientes
- Ausencia de partes móviles (Poco o ningún mantenimiento).
- Facilidad de ampliación
- Resistentes a cambios climatológicos.
- No Contaminan
- No consumen combustible
- No existen pérdidas por transferencia

Lo que vivimos hoy podría calificarse como una gran crisis energética. Existen fuentes de energía convencionales: el carbón, el gas, el petróleo, algunos pueden ser relativamente baratos, pero con grandes efectos contaminantes importantes y además algún día se terminarán.

Debemos sustituir las fuentes de energía convencional por la energía solar, antes de que lleguemos, si es que no estamos ya, a una crisis energética de amplio espectro. Si eso pasa, será sólo nuestra culpa, ya que la naturaleza nos ha proveído de lo necesario y somos nosotros quienes no somos capaces de aprovecharlo.

En la República Dominicana tenemos la ley de Incentivo al Desarrollo de las Energías Renovables (No. 57-07), vigente desde 2007, ofrece una amplia gama de exenciones impositivas en aras de estimular a sectores económicos nacionales e internacionales a invertir en ese nicho de mercado.

Para el consumidor individual, según la ley existía un incentivo de devolver como crédito fiscal hasta el 75% de lo invertido en energías renovables, pero luego del "paquetazo fiscal" de fines del año pasado, el gobierno lo redujo a un 40%. Este crédito fiscal sería descontado en un periodo de tres (3) años.

Sería interesante saber, cuánto ha podido el Estado dominicano recibir por este concepto.

Lo que sí sabemos es que esta decisión ha detenido una gran cantidad de proyectos fotovoltaicos en el país o por lo menos los mismos se han retrasado.

Urge que el Gobierno Dominicano revise a conciencia los pro y los contras de haber bajado estos incentivos tan significativamente, cuando de mantener los mismos en el nivel original de la Ley 57-07, significaría que más personas en sus casas y empresas, estaría en disposición de ir instalando sistemas fotovoltaicos y/o eólicos para suplir de energía a sus hogares y oficinas con el subsiguiente ahorro de divisas para el país al bajar el consumo de energía tradicional.

Manos a la obra Presidente, revisemos los alcances de la más reciente reforma fiscal y brindemos de nuevo los incentivos que necesita el país en un tema tan importante como la energía fotovoltaica.

La Educación Virtual

Hace unas semanas, participando en la reunión ordinaria de la Junta de Directores de la Universidad Católica Nordestana, se destacó la participación de la UCNE en la Educación Virtual y desde luego el tema me interesó muchísimo, ya que uno de mis hijos hizo un MBA semipresencial con este novedoso sistema y personalmente lo estamos utilizando en nuestro Phd en Negocios.

Luego en una reunión del Consejo Regional de Desarrollo expresé mi interés por el sistema y uno de los presentes, el Dr. Ysócrates Peña nos sugirió que escribiéramos algo sobre este tema y luego de realizar las investigaciones de lugar, me atreví a hacerlo, contestando varias preguntas:

1) Qué es un Aula Virtual?

Existe una definición generalizada: El aula virtual es el medio en la Web en el cual los educadores y educandos se encuentran para realizar actividades que conducen al aprendizaje. El aula virtual no es únicamente un mecanismo para la distribución de información, sino que por el contrario, es un sistema donde las actividades del proceso de aprendizaje se encuentran, es decir que permiten interactividad, comunicación, aplicación de los conocimientos, evaluación y desde luego para el docente, manejo de la clase o cátedra que se imparte.

Con el avance de la tecnología en los momentos actuales, las aulas virtuales poseen una diversificación extraordinaria, algunas son sistemas cerrados en los que el usuario docente pone contenidos y videos para impartir sus clases o cursos, mientras otras utilizan diversas herramientas tales como links, presentaciones en PowerPoint, videos, chats, webminars, conferencias en donde interactúan estudiantes y docentes en forma parecida a estar en un aula normal de enseñanza tradicional.

En la República Dominicana, la mayor parte de las universidades (UNPHU, INTEC, UNIBE, UCNE, PUCMM, UCATECI entre otras) ya poseen áreas de Educación virtual y utilizan una plataforma llamada Moodle, la cual es abierta, gratis y sumamente fácil de utilizar por docentes y estudiantes. Desde luego, sólo estamos iniciando un proceso que el futuro se generalizará para ofrecer asignaturas por este método desde la comunidad de su hogar o de su trabajo sin tener que asistir físicamente a la universidad.

2) Cómo podemos utilizar el Aula Virtual?

Como mencionamos anteriormente existen en el mercado un gran cantidad de plataformas de Aulas Virtuales, tales como Udemy, Coursera, Edux, Moodle, que proveen estos espacios, igualmente existen universidades y docentes que han desarrollado sus propios espacios virtuales a partir de los anteriores, muchos de los cuales permiten modificaciones.

En consecuencia el Aula Virtual puede utilizarse de diversas formas, entre las que destacamos:

a) El aula virtual como complemento de clase presencial:

Aquí utilizamos la Web para enriquecer la clase presencial con diversos recursos e investigaciones que podemos colocar en la red, así como otros que ya se encuentran en el Internet.

Igualmente se pueden publicar en este sistema de complemento de Clase Presencial, programas, horarios, tareas, proyectos, etc.

Lo bueno de este sistema es que permite que docentes y alumnos se familiaricen con el uso de las nuevas tecnologías, manteniendo la clase actualizada, realizando trabajos en grupo desde su propia computadora, igualmente los alumnos tienen la facilidad de guardar y acceder a una gran cantidad de material educativo de forma fácil y rápida.

Este uso del aula virtual como complemento de la clase presencial es el primer paso hacia la modalidad a distancia, pues teniendo la clase en formato electrónico y en la Web, ha sido más fácil adecuar los materiales para ofrecerlos en clases semipresenciales o remotas.

b) El aula virtual para la educación a distancia:

En el caso de la educación a distancia el aula virtual toma rol central ya que será el espacio adonde se concentrara todo el proceso de aprendizaje.

Por ello, es muy importante que el desarrollo de estas clases se realice con mucho esmero, ya que sustituirá, sí es que esto es posible la interacción directa, personal entre docente y alumnos y entre alumno y alumno.

Este sistema exige una gran dedicación de parte de todos los involucrados. En muchos casos se debe estar conectado a una hora específica o en otros casos la clase se toma en el tiempo que tenga dispuesto para ello.

Dicho esto es importante que en el diseño o la elección de un sistema o tipo de aula virtual, quede claro que se espera que los alumnos puedan lograr en su aprendizaje a distancia y que elementos esta herramienta deberá tener para permitir que la experiencia de aprendizaje sea productiva.

3) Cuáles elementos componen el aula virtual?

Los elementos que componen un aula virtual surgen de una adaptación del aula tradicional a la que se le agregan herramientas tecnológicas, y en la que se reemplazarán factores como la comunicación cara a cara, por otros elementos.

Básicamente el aula virtual debe poseer las herramientas que permitan:

    1. Distribución de la información. Intercambio de ideas y experiencias, utilizando formatos estándar (Word, PDF, Power Point, Excel, formatos de sonido, videos y gráficos, etc.)
    2. Aplicación y experimentación de lo aprendido,
    3. Evaluación de los conocimientos
    4. Seguridad y confiabilidad en el sistema.

Recibir los contenidos por medio de Internet es solo parte del proceso, también debe existir un mecanismo que permita la interacción y el intercambio, la comunicación.

Es necesario que el aula virtual tenga previsto un mecanismo de comunicación entre el alumno y el instructor, o entre los alumnos entre si para garantizar esta interacción.

El monitoreo de la presencia del alumno en la clase, es importante para poder conocer si el alumno visita regularmente las páginas, si participa o cuando el instructor detecta lentitud o ve señales que pueden poner en peligro la continuidad del alumno en el curso.

La interacción se da más fácilmente en cursos que se componen por alumnos que empiezan y terminan al mismo tiempo, "cohortes", porque se pueden diseñar actividades que alientan a la participación y comunicación de los pares.

En el caso de cursos que tienen inscripciones abiertas en cualquier momento, la comunicación y/o monitoreo por parte de los instructores o responsables es importante que llegue al alumno en diferentes instancias para demostrarle que está acompañado en el proceso y que tiene adonde recurrir por ayuda o instrucciones si las necesita en el transcurso de la clase.

La comunicación en el aula virtual se realiza de distintas maneras. Una de ellos es el correo electrónico, el cual se ha convertido en sistema estándar de comunicación para los usuarios de Internet, pero que en los casos de aulas virtuales no siempre es lo más aconsejable.

Comunicarse por correo electrónico es aceptable para comunicación con el profesor en privado, y suele ser el único medio de comunicación en el caso de clases a distancia de inscripción abierta.

En los casos en clases a distancia para grupos que toman la clase al mismo tiempo, o cuando el aula virtual es complemento de una clase presencial, el sistema más usado es el tipo foros de discusión adonde los alumnos puede ver la participación de sus compañeros de clase y el profesor puede enriquecer con comentarios a medida que el dialogo progresa.

Como podemos ver la Educación Virtual ya es una realidad en nuestro país y un futuro que ya es presente y debemos aprovecharla de forma eficiente para continuar educando a nuestra nación que es el deseo del Consejo Regional de Desarrollo y de todos los dominicanos.

Riesgos en Los Fideicomisos

En la República dominicana La Ley 189-11 marcó la pauta para el desarrollo del Mercado Hipotecario y la vivienda, con la creación de la plataforma legal de los Negocios Fiduciarios o Fideicomisos.

El Fideicomiso, es el acto legal mediante el cual un **Fideicomitente** transfiere bienes en sentido general a un **Fiduciario** para constituir un patrimonio Fideicomitido que será administrado por el Fiduciario a favor de un **Beneficiario** que se le llama también **Fideicomisario**.

Es una nueva figura en nuestro país que se pone a tono con muchos países en toda América Latina que la utilizan desde hace ya mucho tiempo y esto nos pone acorde con los nuevos tiempos.

Todo el sistema de fideicomisos descansa sobre una palabra: *La Confianza.*

Varias cosas debemos destacar de esta nueva figura jurídica:

- Primero, la posibilidad de accesar a los Fondos de Pensiones, brindando la mayor seguridad al uso de estos fondos;

- Segundo, el uso del Fideicomiso permitirá de forma efectiva paliar el déficit habitacional del país con la construcción a gran escala de viviendas de relativamente bajo costo.

Como hablamos de Confianza, los Fideicomisos transmitirán las mismas en la medida en que los Fiduciarios cumplan cabalmente sus funciones.

La globalización de los servicios financieros, junto con el desarrollo creciente exponencialmente de la tecnología ha propiciado que las actividades financieras, incluyendo los fideicomisos y en consecuencia, sus perfiles de riesgo, sean cada día más complejos.

El riesgo se encuentra presente en todas las actividades del ser humano, se encuentra en las decisiones que tomamos todos los días, por más sencillas que las mismas parezcan, siempre hay un riesgo que se debe cuidar, controlar o tener plena conciencia del mismo.

El concepto de riesgo es de vital importancia para todas las decisiones, no solo financieras y económicas, sino también en la vida en sentido general.

Podemos en consecuencia definir al Riesgo, como el grado de incertidumbre de que algo no suceda, esto es, la no certeza del resultado final, hablamos pues de la probabilidad de un evento adverso y sus posibles consecuencias.

El riesgo financiero se refiere a la probabilidad de que ocurra un evento con consecuencias económicas negativas para una organización.

El concepto debe entenderse en sentido amplio, incluyendo la posibilidad de que los resultados financieros sean mayores o menores de los esperados.

De hecho, cabe la posibilidad de que los inversionistas realicen apuestas financieras *en contra* del mercado, movimientos de éstos en una u otra dirección pueden generar tanto ganancias o pérdidas en función de la estrategia de inversión. De ahí la máxima que reza:

"a mayor riesgo, mayor rendimiento, y viceversa"

Podemos afirmar que el riesgo NO es malo o catastrófico, sino que de hecho sabiéndolo gestionar podría ser una gran **OPORTUNIDAD.**

.

Actualmente contamos con los riesgos crediticios, riesgos de tasa de interés y de mercado, riesgos cambiarios, pero de forma adicional tenemos el riesgo operacional, el cual se ha convertido en un elemento preocupante cuyas tendencias de pérdidas nos inducen a tomarlo cada vez más en cuenta por su incremento sostenido en el tiempo.

Es por ello que una sólida gestión del riesgo es cada vez adquiere más importancia para todos los involucrados en los negocios fiduciarios, que debemos recordar que a través de los Fideicomisos se administran recursos de terceros.

Cada vez es más necesario que tomemos conciencia sobre el alcance y el impacto que se tendrá sobre los riesgos que son parte inherentes del negocio.

Los riesgos operativos pueden proceder de varias fuentes a saber:

• Procesos Internos

- Pernal Humano

- Tecnología de la Información

- Procesos Externos

Los eventos que generan estos riesgos operativos son numerosos entre los que destacamos:

- Fraudes Internos

- Fraudes Externos

- Relaciones Laborales

- Seguridad laborales

- Daños y/o Pérdidas de Activos

- Pérdida de confianza, dañando el negocio y todo el sistema

- Mala gestión de los procesos

Los riesgos operacionales más preocupantes son:

1. **El riesgo transaccional** (pérdida potencial derivada de errores en el procesamiento de las transacciones)

2. **El riesgo de fraude** (riesgo de pérdida derivado de engaños intencionales tanto de clientes como de empleados)

3. **El riesgo legal y de cumplimiento** (cuando una contraparte no tiene la autoridad legal o regulatoria para realizar una transacción - documentación inadecuada o incorrecta-).

Por todo lo anterior, cada día es más importante en esta creciente industria, que pongamos mucha atención a la Gestión de los Fideicomisos, tomando siempre en cuenta los riesgos que la misma implica.

Riesgo de Gestión de Fideicomisos:

La posibilidad de que el fiduciario incurra en contingencias o pérdidas ocasionadas por su culpa o negligencia en el manejo y atención de los bienes recibidos en fideicomiso.

Es necesario entonces, y más que innecesario imprescindible que se establezca un marco de gestión de riesgos que contribuya a mitigar los posibles daños de cualquier naturaleza que por una mala gestión recaigan sobre la buena imagen de la entidad fiduciaria.

Sí tomamos en cuenta la experiencia que han tenido otros países de nuestra América Latina, debemos destacar entonces que la gestión de riesgo deberá tener los siguientes **Objetivos Generales**:

1. Desarrollar una correcta identificación, valoración, control y seguimiento de los riesgos inherentes a la actividad que desarrolla la Fiduciaria en el mercado particular en que se encuentra.

2. Administrar de forma efectiva y eficaz los riesgos en beneficio de los clientes y de la propia organización.

Desde el mismo momento en que se constituye el fideicomiso; el fiduciario debe identificar los riesgos asociados al mismo. Igualmente debe determinar quiénes podrían ser responsables de tomar las acciones correspondientes para su mitigación y quiénes serían los responsables de asumir sus efectos patrimoniales en el evento de que alguno(s) de dichos riesgos se llegaren a materializar.

Esta información debe ser compartida por las partes involucradas en el contrato, quienes deberán estar de acuerdo con su análisis y deberán comprometerse, haciéndolo constar con su firma, a tomar las acciones que le corresponden y aceptar sus responsabilidades.

Siempre se debe de tomar en cuenta que La fiduciaria, sólo asume riesgos por el incumplimiento de las instrucciones que le fueron conferidas en el contrato, ya que sus actuaciones se realizan por cuenta y riesgo del fideicomiso

Solución Para Construcción Escuelas

En los últimos días hemos visto en la prensa las dificultades que están presentando los contratistas de las escuelas con las cubicaciones que no salen a tiempo aunque según ha establecido el Presidente de La República, el dinero se encuentra disponible y se enoja por los resultados de la mala gestión en todo el proceso.

Este enojo ha traído varias consecuencias, la más destacada ha sido la sustitución de la Ministra de Educación.

El Consejo Regional de Desarrollo (CRD) no desea establecer responsabilidades y buscar causas y culpables de la situación, aunque sí debemos de definir que se debe realizar una reingeniería de todo el proceso de cubicación.

Lo que ha sucedido no es nuevo y ha ocurrido en otras etapas de la vida republicana. Recordamos por ejemplo el año 1986, cuando regresó el Presidente Joaquín Balaguer y empezó casi de inmediato a través de una nueva oficina, que se llamaba entonces "Oficina Coordinadora y Fiscalizadora de Obras del Estado", dirigida por un profesional de la ingeniería muy destacado, Rafael Vitelio (Tato) Bisonó, quien dirigió posiblemente la mayor cantidad de obras públicas en cuanto a edificaciones se refiere en toda la geografía nacional.

Esta vasta construcción de obras trajo como consecuencia, escasez de materiales de construcción, así como escasez de Mano de obra en muchas ciudades, ya que las obras, Don Tato fue capaz de articularlas y dirigir una gestión que ha sido modelo en muchos casos.

En el caso actual de las construcciones de las Escuelas que involucran varias instituciones estatales (Ministerio de Educación, Oficina de Ingenieros Supervisores de Obras del Estado y el Ministerio de Obras Públicas), se parece mucho al año 1986 y se nota la realización de estas construcciones simplemente ha desbordado la capacidad de respuesta de las instituciones involucradas.

Qué hay que hacer entonces?

En varias reuniones del Equipo técnico del Consejo Regional de Desarrollo (CRD) hemos llegado a la conclusión de proponer las siguientes sugerencias:

1) Crear una Fuerza de Tarea (Task Force), compuesta por un representante de cada institución, dirigida por alguien nombrado por el Poder Ejecutivo para tales fines que se encargue de gestionar las cubicaciones directamente.

2) Contratar el personal necesario que pueda digitar las cubicaciones que serían enviadas por la supervisión de cada obra

3) Realizar las cubicaciones eficientemente del 25 al 30 de cada mes

4) Entregar las mismas en la Oficina Especial de Cubicaciones (Task Force) a más tardar el día 2 de cada mes

5) Esta Oficina especial de cubicaciones deberá entregar las mismas a la Contraloría o donde sea pertinente (con copia a cada institución involucrada), a más tardar el día 15 de cada mes.

6) Luego de esto, los libramientos deberán estar disponibles diez días más tarde, y los ingenieros constructores podrán cumplir.

Sí todo esto se lleva a cabo, entonces el Presidente de La República podrá decir que las obras se pueden hacer en un término de diez (10) meses. En caso contrario podrían durar años, como parece que con la actual organización de los procesos, ocurrirá.

Todo el sistema se diseñó (con un 20% de inicial) para que las obras puedan concluirse en un término aproximado de diez (10) meses. Sí un solo pago se retrasa más de un mes, esto implica necesariamente un retraso de la obra que puede llegar a ser incluso, el doble del tiempo, ya que se pierde el ritmo de todo el proceso de construcción y los constructores se vuelven mucho más cautos a la hora de tomar créditos en las empresas suplidoras de materiales de construcción.

El Consejo Regional de Desarrollo respetuosamente sugiere al Presidente de La República que tome cartas en el asunto y establezca esta Fuerza de Tarea que llevará a feliz término el vasto proceso de construcción de las escuelas que el país demanda y necesita.

Estrategia Nacional de Desarrollo
Primera parte

En enero de 2012, se promulgo la Ley 1-12 sobre la Estrategia Nacional de Desarrollo que abarca un proyecto de país hasta el 2030.

En la ley se establece que Cada gestión de Gobierno deberá contribuir a la implementación de la Estrategia Nacional de Desarrollo 2030, a través de las políticas públicas plasmadas en el Plan Nacional Plurianual del Sector Público, los planes institucionales, sectoriales y territoriales y los presupuestos nacionales y municipales, y establecerá explícitamente la articulación de dichas políticas con los Objetivos y Líneas de Acción de la Estrategia.

Las políticas públicas se articularán en torno a cuatro Ejes Estratégicos, con sus correspondientes Objetivos y Líneas de Acción, los cuales definen el modelo de desarrollo sostenible al que aspira la República Dominicana.

Estos ejes son:

1.- Estado Social Democrático de Derecho

2.- Sociedad con Igualdad de Derechos y Oportunidades

3.- Economía Sostenible, Integradora y Competitiva

4.- Sociedad de Producción y Consumo Ambientalmente Sostenible que se Adapta al Cambio Climático

El Consejo Regional de Desarrollo siempre ha considerado como positivo un Proyecto sobre el País que queremos y necesitamos y ha establecido regularmente planes y objetivos precisamente sobre estos cuatro puntales sobre los que descansa la Ley 1-12 sobre la Estrategia Nacional de Desarrollo.

En esta entrega nos centraremos en el Tercer Eje sobre cómo lograr una economía sostenible, integradora y competitiva.

Los Objetivos generales de este eje son:

1.- Economía articulada, innovadora y ambientalmente sostenible, con una estructura productiva que genera crecimiento alto y sostenido, con trabajo digno, que se inserta de forma competitiva en la economía global.

Desde luego garantizando una estabilidad macroeconómica, con una gestión adecuada y transparente de las finanzas públicas y la promoción de un sistema financiero a favor del desarrollo sostenible del aparato productivo nacional

2.- Energía confiable, eficiente y ambientalmente sostenible a un precio   justo para   todos, igualmente transparentar el mercado de los combustibles para todos los   dominicanos

3.- Competitividad e innovación en un ambiente favorable a la cooperación y la responsabilidad social.

Establecer desde luego, reglas claras en cuanto a los pasivos laborales y la seguridad social que nos permitan ser competitivos.

Uno de los objetivos particulares es la consolidación del Sistema de Educación Superior con la calidad requerida para responder a las necesidades reales de la nación.

Igualmente debemos aprovechar la situación geográfica del país para convertirlo en un Centro logístico regional

4.- Empleos suficientes y dignos

5.- Estructura productiva sectorial y territorialmente articulada, integrada competitivamente a la economía global y que aprovecha las oportunidades del mercado local, aprovechan oportunidades de exportación con la calidad requerida por los mercados internacionales

Para cada uno de estos objetivos se establecieron estrategias y metas para el año 2015, 2020, 2025 y 2030 con indicadores específicos que a dos años de la primera evaluación queda mucho por hacer y por lograr.

Es muy importante que siempre tomemos en cuenta todos los aspectos que intervienen en la cadena de producción de bienes y servicios, incluyendo una revisión justa del código laboral y de la seguridad social que aún presenta grandes baches como por ejemplo en el sector construcción con la duplicidad de la Ley 6-86 y la liquidación de obreros.

El Consejo Regional de Desarrollo en sus discusiones mensuales sobre temas de interés ciudadano, le ha dado una importancia especial a este tercer eje de desarrollo y pensamos que resulta indispensable el poder lograr un Pacto Social que nos permita realizar una verdadera Reforma integral que ponga a la República dominicana en condición de lograr el desarrollo que todos anhelamos

En nuestra segunda entrega abordaremos el segundo eje.

Continuará

Estrategia Nacional de Desarrollo
Segunda parte

Continuando con nuestro artículo sobre la Estrategia Nacional de Desarrollo en esta ocasión trataremos el segundo Eje:

Sociedad con Igualdad de Derechos y Oportunidades.

Los Objetivos generales de este eje son:

"Una sociedad con igualdad de derechos y oportunidades, en la que toda la población tiene garantizada educación, salud, vivienda digna y servicios básicos de calidad, y que promueve la reducción progresiva de la pobreza y la desigualdad social y territorial"

Objetivo General 2.1. Educación de calidad para todos y todas.

Objetivo General 2.2. Salud y seguridad social integral.

Objetivo General 2.3. Igualdad de derechos y oportunidades.

Objetivo General 2.4. Cohesión territorial.

Objetivo General 2.5. Vivienda digna en entornos saludables.

Objetivo General 2.6. Cultura e identidad nacional en un mundo global.

Objetivo General 2.7. Deporte y recreación física para el desarrollo humano

Para cada uno de estos objetivos se establecieron estrategias y metas para el año 2015, 2020, 2025 y 2030 con indicadores específicos que a dos años de la primera evaluación de nuevo, queda mucho por hacer y por lograr en todos los órdenes

Sí evaluamos cada uno de los puntos:

1) Educación: Aunque se puso en el presupuesto el 4% del PIB para la educación, todo parece indicar que no será posible poder gastar el dinero en lo que queda del año, dejando claro que el Gobierno no estaba preparado para hacer frente a un Presupuesto en Educación tan elevado.

No sólo debe de gastarse el dinero en la construcción y remodelación de las escuelas, sino que para poder elevar la calidad de la educación pública es necesario principalmente, el poder preparar a los maestros de forma eficiente y efectiva (Esto se lograría en un término de varios años), dotando a los mismos de las herramientas y la tecnología necesarias para poder ofrecer una educación de calidad y a la altura de la inversión programada que es alta, pero repetimos debe ser bien utilizada.

Es necesario entonces que debamos de diversificar la oferta educativa, incluyendo la educación técnico profesional y la escolarización de adultos, para que respondan a las características de los distintos grupos poblacionales, incluidas las personas con necesidades especiales y capacidades excepcionales y a los requerimientos del desarrollo regional y sectorial, brindando opciones de educación continuada, presencial y virtual, tal como lo establece la ley misma.

La otra modalidad que empezó a utilizar el Gobierno del Presidente Medina, es la tanda extendida y surgen de inmediato muchas interrogantes:

a) Qué tipo de actividad desarrollaremos en las tardes?
b) Aprovecharemos la ocasión para enseñar moral y cívica en las escuelas?
c) Se empleará el tiempo sólo para deportes?
d) Se podrá enseñar tecnología en nuestras escuelas públicas?
e) Habría la posibilidad de que los estudiantes puedan aprender un oficio en las tardes?

En días pasados nos reunimos con un líder comunitario, el Lic. Luis Peña, Gobernador Rotario para el Distrito 4060 de República Dominicana y platicando al respecto nos expresó que los Clubes Rotarios del País están trabajando realizando Foros y Seminarios para sugerir en las próximas semanas al Gobierno una serie de consideraciones de cómo podría emplearse el tiempo extendido en nuestras escuelas.

El Consejo Regional de Desarrollo se une a esta iniciativa de los rotarios e igualmente en las próximas semanas externará su punto de vista sobre este particular.

Exhortamos de igual forma a toda la sociedad civil a participar en actividades como ésta para poder ayudar al Gobierno a establecer la tanda extendida de forma racional que implique un mayor desarrollo integral de nuestros estudiantes.

En nuestra próxima entrega y dentro de este mismo segundo eje, abordaremos el tema de la vivienda digna para todos.

Continuará

En Defensa de la Clase Media

En los últimos días se ha desatado una controversia en relación a las compras por internet. Una parte del comercio ha destacado que la baja en sus negocios se debe en gran parte a la "competencia desleal" que se les hace al Estado dominicano permitir que las compras a través de *courriers* con un valor de menos de US$200 no paguen los aranceles correspondientes.

Los empresarios y algunos articulistas expresaron incluso que se realizaban compras de este tipo por valor de unos cinco mil millones de dólares al año. Esta cifra tan alta, desde luego llamó nuestra atención y decidimos realizar una investigación al respecto.

En nuestras investigaciones pudimos constatar que tal como suponíamos, la cifra era una gran exageración y las compras de menos de US$200 (exentas de aranceles) apenas alcanzaba un monto de unos US$189 millones de dólares que resultaba menor del 0.01% de las importaciones anuales dominicanas.

En el Consejo Regional de Desarrollo, un organismo no gubernamental, compuesto por un abanico de hombres y mujeres de diversas profesiones u oficios, son en su mayoría (o por lo menos alguien de su familia) compradores ocasionales por esta vía.

Cuando indagamos las razones por las cuales compraban algo por Internet, algunas de las respuestas fueron las siguientes:

1) Encontraron fácilmente el artículo que buscaban
2) Precios accesibles, incluyendo el costo de transporte y los impuestos que le pagaban al Estado Dominicano (En algunos casos incluían aranceles)
3) Diversidad en las mercancías
4) Comodidad y facilidad al hacer la operación
5) Rapidez en la entrega de la mercancía

Pero no todo es color de rosa, el sistema también posee inconvenientes que deben de tomarse en cuenta:

1) Los artículos no deben de pesar mucho, ya que una libra cuesta alrededor de RD$200 traerla y muchos courriers tienen una libra como medida mínima
2) Sí el artículo adquirido no le sirve, devolverlo les cuesta más
3) Existe en consecuencia una gran problemática con la garantía, que aunque existe y le responden, el enviar el artículo al punto de origen tiene un valor muy grande.

Pensamos en el CRD que la fiebre no se encuentra en las sábanas, que ciertamente el comercio local le ha llegado la hora de innovar, poner sus artículos en línea, bajar precios dentro de sus posibilidades actuales.

La competencia desleal, quizás sea el alto costo que se paga por la energía eléctrica, los impuestos excesivos del Estado voraz que nos gastamos los dominicanos, un código laboral obsoleto que aumenta los costos considerablemente.

En esos puntos debería de preocuparse más el comercio tradicional de La República Dominicana y no en pequeñas compras ocasionales que realizan los dominicanos como una forma de defenderse de los altos precios que deben de pagar en el país.

Fondos de Pensiones: Seguridad del Trabajador

Con la Ley 87-01, la República Dominicana dio un paso trascendental para la creación de los fondos de Pensiones del universo de trabajadores. Mediante el decreto 969-02 del 19 de diciembre de ese año, 2002, se aprobó el Reglamento de pensiones, estos dos hechos fundamentales en el cuatrienio presidido por Hipólito Mejía dieron inicio al Fondo de Pensiones de los trabajadores dominicanos, formando un Fondo propiedad de los trabajadores que crece cada día por las aportaciones y por los intereses recibidos, producto de las inversiones. Posteriormente fue aprobada la Ley No. 188-07 que introduce modificaciones a la Ley No. 87-01, que crea el Sistema Dominicano de Seguridad Social.

En días pasados, asistimos a una interesante charla, dictada por la Sra. Kirsis Jáquez, Presidente de la Asociación Dominicana de Administradoras de Fondo de Pensiones, entidad creada en el año 1998 y que agrupa a las Administradoras de Fondo de Pensiones. La Sra. Jáquez impartió su charla en el Club Rotario Santo Domingo, Inc, dónde presentó los puntos de vista de la ADAFP.

En las últimas semanas hemos visto cómo se han destacado los ingresos y beneficios que reciben las AFP, motivo por el cual se ha desatado toda una campaña de opinión pública para que puedan bajar estos ingresos que aparentan ser exagerados.

Dado que los Fondos de Pensiones tienen un crecimiento geométrico, motivado por las cotizaciones, en primer lugar, las cuales deberán ir aumentando con la creación de empleos formales y la transparentización de los sueldos actuales, y desde luego por los intereses recibidos por la colocación de dichos fondos en un portafolio diversificado, es imperiosa la necesidad de revisar las comisiones que reciben las AFP, desde luego de una forma justa y que no perjudique a los propietarios de Los Fondos de Pensiones: **Los Trabajadores**.

El uso de los Fondos de Pensiones que actualmente sobrepasan los $300 Mil Millones de pesos, se realiza bajo una normativa muy estricta.

Los fondos de pensiones sólo se pueden invertir en instrumentos y emisores autorizados. Y esto es así, ya que el emisor de la oferta debe cumplir con una serie de requisitos que han sido diseñados con el objeto de proveer seguridad a la transacción.

Dentro de los instrumentos contemplados por la ley se encuentran depósitos a plazo Fijo, letras hipotecarias y otros títulos emitidos por las instituciones bancarias, títulos de deudas de empresas públicas y privadas, acciones de oferta pública, títulos de créditos, Banco Central, etc.

La aprobación de la Ley 189-11, para el Desarrollo del Mercado Hipotecario y Fideicomiso constituyó un paso de importancia para enfrentar el déficit habitacional del país, estimado en más de un millón de viviendas.

Desde que se formuló la propuesta de ley se ha pensado especialmente en el financiamiento del sector vivienda por medio de los fondos de pensiones, lo cual puede ser un buen negocio: Ganar-Ganar, para todo el mundo.

- Ganan los promotores de vivienda, ya que contarán con una fuente de financiamiento extraordinaria a un buen precio

- Ganan los usuarios o compradores de vivienda, ya que tendrán acceso al financiamiento con un interés justo, con la seguridad y garantías que le proporciona el fideicomiso.

- Ganan las AFP, porque pueden obtener buenos dividendos por encima del promedio de la banca

- Ganan los trabajadores, dueños de los Fondos, porque pueden obtener mayores ganancias de los mismos.

En nuestras investigaciones pudimos constatar que en algunos meses las AFP han tenido ganancias muy altas, pero ojo, no se debe al famoso 30% que explicaremos más adelante, sino a la forma de valoración de los títulos colocados que es a lo que se debe poner atención al cambiar la ley.

Pensamos que el modelo actual es adecuado y procederemos a explicar el por qué de nuestra aseveración:

1) El 30% de comisión, no es por el monto de los Fondos.

2) El 30% de comisión tampoco es sobre los dividendos totales percibidos

3) El 30% de comisión se aplica a la diferencia de la tasa que se logra colocar, menos el promedio de las tasas pasivas de los Bancos.

Como ejemplo podemos decir que la media actual de los Fondos de pensiones se ha colocado a un 10% y la Banca en promedio paga alrededor de un 6%.

Esto nos da una diferencia de un 4% mayor a lo que se ganaría sí los fondos estuvieran en los Bancos directamente.

Entonces el 30% se aplica a esta diferencia. Es decir el 30% del 4%, lo que arrojaría un 1.2% de los Fondos de Pensiones aproximadamente, lo que de forma neta arroja una cantidad considerable de comisiones.

Ahora bien, esta cantidad de dinero de forma neta irá aumentando en la medida en que sigan aumentando los Fondos de Pensiones, por lo que sí se podría buscar una nueva fórmula que simplifique el sistema, pero teniendo siempre en cuenta que se debe buscar beneficiar a los trabajadores que son los verdaderos dueños del dinero.

Por último, destacar que para aumentar los trabajos formales tenemos una tarea pendiente por realizar: La Revisión del código laboral, específicamente en cuanto a la Cesantía se refiere. Este es un problema álgido y delicado que trataremos en una próxima entrega.

Código de Trabajo y Cesantía

Desde principios de este año se dio inició en el país una especie de escarceo para modificar el Código de Trabajo vigente en La República Dominicana y adecuarlo así a los nuevos tiempos en que vivimos.

Aunque las partes involucradas (Trabajadores, empleadores y Gobierno) en la revisión del mismo, en principio están de acuerdo con la Revisión y adecuación del Código de Trabajo, no menos cierto es que ha salido a la luz el primer escollo que es la Cesantía por los derechos adquiridos de los trabajadores.

Por considerarlo como muy importante para el desarrollo del país, el Consejo Regional de Desarrollo inició un ciclo de consultas para tratar el tema y ver de que forma podría poner un granito de arena para que La República Dominicana cuente con un instrumento positivo que le permita la creación de más empleos formales sin menoscabo de los derechos adquiridos por los trabajadores.

La Posición de los Trabajadores:

Los Sindicatos y grupos que representan a los trabajadores son opuestos en forma tajante, como era de esperarse a que se realice una reforma que en cualquier aspecto lesione los derechos adquiridos de los trabajadores, aunque han expresado que se encuentran abiertos a un diálogo franco.

En sentido general, están de acuerdo en la revisión del Código, pero se oponen de forma decidida a que se toque la cesantía y lo concerniente a las mujeres en estado de embarazo, entre otros.

El proceso de reforma se pone de relieve por los planteamientos de las organizaciones empresariales que consideran sumamente altas las prestaciones laborales establecidas en el Código de Trabajo, principalmente el Auxilia de Cesantía.

El Auxilio de Cesantía se encuentra definido en el artículo 80 del Código, en donde se establece que es la indemnización que se le paga al trabajador cuando el contrato suscrito por tiempo indefinido termina por la voluntad del empleador o con responsabilidad para el mismo.

Los diferentes sectores que agrupan a los trabajadores, establecen de forma contraria que el Auxilio de Cesantía es una compensación adecuada y justa por los bajos niveles de los salarios en el país.

Los sectores empresariales y empleadores consideran el Auxilio de Cesantía como una retranca, ya que con la gran cantidad de costos laborales actuales (Seguridad Social, Seguros de Accidentes, Fondos de Pensiones, etc.) lo que nos hace ineficientes en cuanto a la competitividad se refiere.

La situación anteriormente descrita se vuelve sumamente crítica en las medianas y pequeñas empresas y ésta posiblemente sea una de las razones principales para el crecimiento desmedido que tenemos de empleo informal en el país.

Real y efectivamente que la modificación del Código de Trabajo es un asunto delicado y álgido que El Consejo Regional de Desarrollo, desea expresar que aunque la revisión del mismo es imperante actualmente y ya el Gobierno Dominicano inició los debates para su modificación, siempre deberá hacerse respetando los derechos adquiridos por los trabajadores hasta la fecha de la modificación.

Ya los debates se cerraron y la comisión tripartita compuestas por expertos en la materia deberá rendir sus informes en el primer trimestre del año 2014.

Para que el lector tenga una idea de los altos costos labores, debemos expresar que los mismos a un 46.88% del salario (tomando en cuenta desde los primeros tres meses hasta 20 años) en nuestro análisis.

Este porcentaje estaría dividido como sigue:

1) Prestaciones legales Fijas (Riesgos laborales, Fondo de pensiones, Salud, Infotep, etc) 36.73%
2) Prestaciones legales contingentes: 8.57%
3) Prestaciones legales por despido 1.57%

Finalmente dejamos sobre el tapete el hecho de las demandas laborales en demasía que realizan grupos organizados amparados en un código obsoleto y que pone a las pequeñas y medianas empresas en peligro real de quiebra, hecho éste que ha puesto en entredicho en muchos casos la seguridad jurídica de La República Dominicana.

Producción de Energía: Fuente de Desarrollo

Para el Consejo Regional de Desarrollo (CRD), la competitividad ha sido siempre un tema puntual para el desarrollo de La República Dominicana. Para todo el lector es conocido que los precios de la energía eléctrica en nuestro país son demasiado altos para que la clase productora en sentido general pueda competir de forma igualitaria con otros países del área.

Una de las razones principales de estos altos precios es el elevado precio de los combustibles fósiles utilizados en la producción de energía.

Para el CRD, es justo reconocer que desde hace unos catorce (14) años se inició en el país un programa de cambio de la matriz eléctrica, de forma tal que en ese año más de un 90% de la producción de energía dependía en gran medida de los combustibles fósiles y gracias a los programas que se han puesto en marcha, actualmente ronda el 47%.

El Gobierno dominicano recientemente anunció la construcción de dos plantas a carbón de 720 MW, unido a la conversión de varias plantas como la Cogentrix a gas natural, la entrada de Punta Catalina y otras, harán que la matriz de producción energética en el país cambie radicalmente en unos tres o cuatro años aproximadamente.

Cuando esto ocurra tendremos una producción de energía en base a carbón de un 35%, Gas Natural un 40%, hidroeléctricas un 12%, un 4% en energías renovables (Solar y eólica) y el resto, alrededor de un 9% con derivados del petróleo.

Ya para el año 2016 habrán finalizado muchos de los contratos de varios suplidores de energía (Los IPPs) y desde luego los contratos del Acuerdo de Madrid (a los que nos referiremos en otra entrega), que han sido hasta cierto punto satanizados, cuando es lo que nos ha permitido tener unos precios menos onerosos, aunque se extendieron los plazos de los contratos.

Es por ello, y siguiendo en la misma línea del gobierno del Presidente Danilo Medina, que aplaudimos la construcción de las dos plantas a carbón y sugerimos dos aspectos adicionales:

1) Como es sabido, tenemos un número importante de empresas que se encuentran acogidas al programa de usuarios no Regulados. Es imperativo entonces que quiénes suplan a estas empresas cambien de igual forma, los que no lo han hecho, el tipo de combustible de sus plantas, facilitando las autoridades competentes la instalación de plantas medianas a carbón, principalmente, o a gas.

2) Es preciso y pertinente que se vuelva al punto anterior de dar los incentivos originales a la producción de energías renovables (los mismos se redujeron a casi la mitad con el paquetazo del año pasado).

Luego de realizar los análisis pertinentes, el equipo técnico en el área eléctrica del Consejo Regional de Desarrollo (CRD) piensa que está llegando el final de una era y empezando una nueva que marcará el desarrollo del país de forma continua.

Es cierto que la generación ha aumentado de forma positiva, pero también es cierto que de unos US$60 millones anuales que pagaba el país de subsidio eléctrico en el año 2002, ha subido en los últimos años a la friolera de US$1,000 millones lo que resulta altamente lesivo a los mejores intereses de la nación.

Imaginemos por un momento lo que haríamos con esta cantidad de dinero adicional para realizar proyectos a favor de la comunidad y del desarrollo de nuestros pueblos y ciudades, esto sin contar con el enorme ahorro de divisas que tendremos al importar un combustible mucho más barato.

El futuro del país es promisorio, y eso es lo que deseamos para el bienestar de la familia dominicana.

Doña Dedé

Conocí a Doña Dedé personalmente ya adulto, estaba casado con Martina, mi primer hijo Amhed ya había nacido y le había comentado a mi padre que deseaba sacar un Seguro de Vida que le pudiera asegurar a mi hijo sus estudios en caso de yo faltar.

Un par de días después, mi padre me llama a su Laboratorio en el Centro Médico Dr. Ovalle y me dice que desea presentarme a alguien muy querido para él; me

presenta a Doña Dedé, no lo podía creer, estaba frente a una persona muy admirada, una leyenda quizás, la única sobreviviente de Las Hermanas Mirabal.

La verdad que quedé más que impresionado, no sólo por ser Doña Dedé quien era y lo que representaba para La República Dominicana y el mundo, sino por su personalidad, su belleza, su trato afable y cariñoso, su glamur.

Con Doña Dedé saqué mi primer Seguro de vida y con los años no dejé de maravillarme de esta mujer que trabajaba sin descanso en el negocio de los Seguros, convirtiéndose en un ejemplo para nosotros del amor al trabajo, cuántas cosas que admirar en un solo ser humano.

Siempre que nos reuníamos me recordaba que quería mucho a mi padre, que fue el médico de la familia con sus hijos pequeños y que siempre le agradecía sus atenciones.

Mis padres lo mismo, siempre nos hablaron de la calidad de esta mujer luchadora que logró sacar adelante a su familia y a sus sobrinos con un trabajo arduo y decidido, con la frente en alto, sin desmayar y sin ni por un ápice olvidar los ideales por los que su familia había luchado, sido vilmente asesinada por el sátrapa.

Descanse en Paz Doña Dedé, su recuerdo permanecerá por siempre en nuestros corazones y servirá como ejemplo para las nuevas generaciones.

La Carretera Santiago – San Juan

Parecía que ya se había desestimado la construcción de esta nueva carretera que uniría la ciudad de Santiago de Los Caballeros con San Juan de la Maguana, cuando en días pasados de nuevo el Gobierno dominicano trajo a colación que empezaría en pocas semanas el proceso de licitación de la referida vía.

Desde luego que numerosas instituciones, incluida la Academia de Ciencias han realizado múltiples estudios sobre esta carretera que perjudicará grandemente el Medio Ambiente y así lo expresaron públicamente en rueda de prensa.

El Consejo Regional de Desarrollo ha establecido con claridad meridiana que no se opone jamás a obras que puedan traer desarrollo a La República Dominicana, ahora bien, tampoco apoya que el desarrollo sea a costa de la destrucción de cientos de tareas de árboles con su consecuente daño al medio ambiente y a los ríos que nacen al paso de esta carretera.

Pensamos que como dominicanos, debemos de sopesar mejor las cosas, aunque ya el Presidente de La República Dominicana, Danilo Medina, ha dicho que es una decisión tomada.

Hay veces en que es importante escuchar otras voces y ver sí existen mejores alternativas para lograr el mismo fin, como lo sería por ejemplo: El Arreglo de otras vías ya existentes que comunican el Cibao con el Sur.

Así, sí utilizamos la vía de Jarabacoa-Constanza que tan sólo necesitaría unos 40 kms de nuevas carreteras con una reducción considerable de la distancia desde el centro del Cibao que es La Vega, la cual quedaría reducida a unos 140 Kms solamente, sin pasar por ningún Parque Nacional y pasando por una distancia de bosques inferior al 10% de lo que pasaría por la carretera que se propone desde Santiago.

El CRD reconoce en su justa medida que una vía de esta naturaleza ayudaría en gran medida al abaratamiento del transporte de mercancías entre ambas zonas del país, lo que significaría un ahorro importante para el comercio que se realiza entre las mismas, eso no es discutible.

Lo que sí es discutible es que tomando esto como excusa se pretenda cruzar por dos parques nacionales con el consiguiente daño ecológico que se traería consigo una obra de semejante naturaleza.

Una de las partes más negativas de la obra lo sería el establecimiento de asentamientos humanos a todo lo largo y ancho de esta vía con el consiguiente deterioro del medio ambiente circundante, sin planificación adecuada, con una disposición de desechos sólidos medalaganaria, así como también sin servicios adecuados de agua potable y servicios sanitarios, y desde luego con la destrucción de bosques sin control.

Por eso, lanzamos de nuevo lo que dijimos el año pasado al respecto: Por qué, en vez de construir una carretera, no construimos mejor un Ferrocarril, hecho éste que limitaría el peligro de agredir enormemente el medio ambiente con asentamientos humanos en toda la vía?

En el Consejo Regional de Desarrollo siempre hemos apostado que el uso de este tipo de de medio de transporte aportaría al desarrollo integral de toda la nación, uniendo y abaratando los costes de transporte no sólo Norte-Sur sino que podemos hacerlo lo propio en toda la geografía nacional.

Referencias Bibliográficas:

1) **Administración de la Empresa Constructora**, Primera Edición, *José Adolfo Herrera*, Impresiones Lulu.com 2012

2) **Administración y Gerencia de Empresas**, 1979, *Henry L. Sisk y Mario Sverdlik*, South Western Publishing Co.

3) **Blog especializado de Jaime Aristy Escuder, Phd**
http://jaimearistyescuder.blogspot.com

4) Código Civil y Legislación Complementaria

5) Código de Trabajo de la República Dominicana y leyes afines
Secretaría de Estado de Trabajo

6) Congreso de la República Dominicana
www.congreso.gov.do

7) **Construction Accounting & Financial Management**, Quinta Edición, *William J. Palmer, William E. Coombs, Mark A. Smith*, Editorial McGraw-Hill

8) **Construction Management Fundamentals**, Second Edition, *Kraig Knutson, Clifford J. Schexnayder, Christine M. Fiori, Richard E. Mayo*, Editorial McGraw-Hill Construction

9) **Estadística Aplicada a la Administración y a la Economía**, Tercera Edición, *Leonard J. Kazmier*, Editorial McGraw-Hill

10) Estatutos del Colegio Dominicano de Ingenieros Arquitectos y Agrimensores CODIA. www.codia.org.do

11) Estudio de la ley de Tierras. Lic. Arístides Alvarez Sánchez
Editorial Tiempo, S.A., 1986

12) **Gerenciamiento de Proyectos**, Segunda Edición, 2007, *Julián R. Salvarrey, Verónica García Fronti, Javier García F.*, Editorial Comicron

13) **Gestión de Proyectos para la Construcción**, 2011, *Julián Salvarredi*, Editorial Comicron

14) **Ingeniería de Costos y Administración de proyectos**, 1996, *Hira N. Ahuja, Michael A. Walsh*, Ediciones Alfaomega

15) **Ingeniería Económica**, Segunda Edición, *Anthony J. Tarquin, Leland T. Blank*, Editorial McGraw-Hill

16) **Ingeniería Económica**, Primera Edición 2013, J.A. Herrera A., Editorial Lulu.com

17) Ley de Registro de Tierras con sus Modificaciones
Congreso de la República Dominicana, 1978

18) **Manual del Ingeniero Civil**, 1992, *Frederick S. Merritt*, Editorial McGraw-Hill

19) Mercado de Edificaciones Urbanas en República Dominicana
Fondo Nacional de la Vivienda Popular, Inc. (FONDOVIP). Estudio II, Febrero 2002

20) Ministerio de Obras Públicas y Comunicaciones (MOPC)
www.Mopc.gov.do

21) **Preparación y Evaluación de Proyectos**, Cuarta Edición 2003, *Nassir Sapag Chain & Reinaldo Sapag Chain*, Editorial McGraw-Hill Interamericana

22) **Project Management in Construction**, Quinta Edición, *Sidney M. Levy*, Editora McGraw-Hill

23) **Recursos en la WEB**:
   a) www.acento.com.do
   b) www.aecsoft.com
   c) www.artemissoftware.com
   d) www.ballantine-inc.com
   e) www.bancentral.gob.do
   f) www.elcaribe.com.do
   g) www.elnacional.com.do
   h) www.eljaya.com
   i) www.enact.cc
   j) www.edenorte.com.do
   k) www.edesur.com.do

l) www.labazuka.com

m) www.listin.com.do

n) www.microsoft.com

o) www.infoser.com/infocons/pmi/

www.ingramcontent.com/pod-product-compliance
Lightning Source LLC
Chambersburg PA
CBHW020342290526
45785CB00005B/2137